CUENTOS PARA NIÑOS

que sueñan

CON CAMBIAR EL MUNDO

50 SUPERHÉROES INSPIRADORES DE CARNE Y HUESO

G.L. MARVEL

Texto de
MARCELO E. MAZZANTI

Ilustraciones de
SARA C. LABRADA

Duomo ediciones

A mi madre, Marta, que me insistió en que me dedicase a lo que quisiera pero que me informase antes.

ÍNDICE

PRÓLOGO

¿Y POR QUÉ NO VOY A SER EL NUEVO EINSTEIN?

Desde el principio del mundo ha habido grandes creadores e innovadores. Y suerte de ellos, porque son estos soñadores los que lo han hecho avanzar. ¡Si no, seguiríamos exactamente igual que al principio de los tiempos!

Unos genios han inspirado a otros: Beethoven fue Beethoven porque quería ser como Mozart; Che Guevara soñaba con vivir aventuras como las de su admirado Julio Verne; Martin Luther King buscaba conseguir lo mismo que su héroe Mahatma Gandhi...

(Y esto solo entre los cincuenta que aparecen en este libro: la inmensa mayoría de genios de la historia se inspiraron en otros genios anteriores y, a su vez, inspiraron a genios futuros).

* * *

Unos nacieron ricos; otros, muy pobres.

Unos tuvieron que luchar sin descanso por sus ideas, a otros les fue mucho más fácil.

Unos fueron reconocidos y aplaudidos en vida; otros fueron incomprendidos hasta mucho después de su muerte.

Pero todos son auténticos superhéroes. Gente que ha dejado el mundo mucho mejor que como lo encontró.

Gente que, más que querer expresarse, lo necesitaba. Fueran o no aceptados por el público, no podían dejar de hacerlo.

Gente que ha demostrado que la creatividad no es solo para el arte: se puede innovar y crear belleza en cualquier terreno.

* * *

Los personajes de este libro no tienen absolutamente nada en común: no son necesariamente guapos o listos, no comparten un carácter o una personalidad, ni hacen las mismas cosas, a veces ni siquiera son conscientes de la importancia de sus actos.

Solo tienen una cosa en común: una voluntad sin fin, que les ha permitido no detenerse a pensar «¿Esto es posible o imposible?», y simplemente lanzarse a ello.

Sabiendo reconocer sus cualidades y aprovechándolas al máximo, sin dejarse frenar por sus defectos físicos ni por las circunstancias.

Y trabajando sin parar. Porque la única manera de superarse es con la práctica. Como dicen, «si trabajas en lo que te gusta, ya no es trabajo». Sin dejarlo para otro día, sin rendirse y sin esperar que todo salga bien en cinco minutos.

Ah… y aprendiendo de quienes más saben. Si te interesa un tema, pregunta, lee, escucha. Infórmate: lo más probable es que haya habido otros con inquietudes parecidas. Un buen lugar para empezar es la biblioteca más cercana.

* * *

Entonces, ¿tú puedes acabar siendo un genio como Usain Bolt o Steven Spielberg? ¿No es pedir demasiado?

Nos encantaría que este libro te sirva para pensar «¿Y por qué no?».

Míralo así: de pequeño, Jacques Cousteau no tenía la menor idea de que fuera a hacerse famoso en todo el mundo, ni siquiera de que iba a dedicar su vida a la exploración del mar.

Durante la niñez de Bill Gates, nadie lo miraba y pensaba «Este niño un día va a ser la persona más rica del mundo».

Piensa que hemos elegido a los cincuenta personajes que verás en este libro entre una lista de más de quinientos. Hay material para un montón de libros. Muchos hombres y mujeres se han convertido en superhéroes de carne y hueso. En cualquier momento de la historia, el mundo ha estado lleno de genios.

¡Y tampoco hace ninguna falta ser un genio! Muchos nos conformamos y somos perfectamente felices haciendo lo que mejor sabemos, aprovechando nuestro talento y ayudando con pequeños cambios sin ninguna necesidad de pasar a la historia.

* * *

Si estos cincuenta personajes te inspiran a luchar por hacer realidad tus ideas, si este libro te ayuda a decidirte a perseguir tus sueños, si te sirve para seguir tu vocación o para pensar que tus propias ideas pueden ser tan válidas y nuevas como las de Einstein o las de Messi… estaremos más que contentos.

Recuerda que todo es un sueño antes de hacerse realidad.

¿Por qué no va a ser *tu* sueño?

«Los que dicen que es imposible no deberían
molestar a los que lo están haciendo.»

Albert Einstein

ALAN TURING

**El niño al que casi echaron del colegio por inútil,
inventó el ordenador moderno y salvó millones de vidas.**

Reino Unido, 23 de junio de 1912 - 7 de junio de 1954

Alan nunca fue el niño «normal» que tanto deseaban sus padres. Lo que menos le importaba en el mundo era ser normal y encajar.

Le hacía tanta ilusión ir a la escuela que en su primer día, viendo que había una huelga de transportes, decidió recorrer los cien kilómetros hasta ella en bicicleta.

Pero Alan no gustó a la escuela. Solo le interesaban las matemáticas y, aunque hoy parezca increíble, casi lo expulsaron por ello: «Si solo va a ser un técnico, está perdiendo el tiempo aquí».

Pero muy pronto se convirtió en mucho más que eso. En la Segunda Guerra Mundial, los alemanes tenían un sistema llamado Enigma para comunicarse en clave. Alan fue el único que consiguió descifrarlo, y para ello tuvo que inventar una máquina especial: el primer ordenador moderno.

Se calcula que, gracias a él, la guerra se acortó dos años y se salvaron catorce millones de vidas. Su trabajo resultó tan importante que una parte de este fue alto secreto ¡hasta el año 2012!

También fue el padre de la inteligencia artificial. Su definición de esta aún se usa hoy: que lo que «piense» una máquina sea indistinguible de lo que piensa una persona.

A pesar de todo, casi acabó en la cárcel por algo que (de nuevo, aunque hoy parezca increíble) entonces era un crimen en Inglaterra: en lugar de las mujeres, le gustaban los hombres.

En la actualidad, todo el mundo lo considera como uno de los grandes genios del siglo xx. El gobierno inglés pidió perdón públicamente por cómo lo trataron. Y es que, ante todas las dificultades a las que tuvo que enfrentarse en su vida, ¿alguien puede culparle de que le interesaran más los números que la gente?

ALBERT CASALS

El niño que ha dado la vuelta al mundo sin las dos cosas que parecen más necesarias: dinero... y caminar.

España, 18 de julio de 1990

«**N**o puede ser que te vayas a América sin dinero», le dijo su abuela a Albert, y le dio veinte euros.

Desde que tenía cinco años, Albert soñaba con viajar. Pero entonces le diagnosticaron leucemia, lo que le obligó a estar tres años sin salir del hospital, y además perdió el uso de las piernas.

Pero sobrevivió, y enseguida decidió que el hecho de ir en silla de ruedas no iba a frenarle en sus sueños. Su familia lo apoyó: viendo su determinación de recorrer el mundo, su padre lo acompañó en un primer viaje y le enseñó todas las cosas básicas que hay que saber.

Un año después, Albert emprendió su primer viaje en solitario, en tren por toda Europa. Cuando se le acabó el dinero, se dio cuenta de que no lo necesitaba y decidió seguir en lugar de regresar.

Albert insiste en que la gente siempre te ayuda cuando puede: nunca falta quien te lleve en autostop, te dé comida o te invite a su casa. Y si de vez en cuando hay que colarse en el metro, tampoco pasa nada, aunque procura evitarlo al máximo.

Ha recorrido toda Sudamérica y partes de África y Asia. Ha vivido momentos muy peligrosos, pero siempre a causa del clima, no por la gente. Y ha conseguido compaginarlo todo con sus estudios.

Albert insiste en que la silla de ruedas es más una ventaja que un obstáculo: le permite cargar más peso y hace que la gente no sienta miedo de él.

Ha escrito libros y ha protagonizado un documental. Sabe que puede ayudar a mucha gente discapacitada... o no discapacitada: su mezcla de coraje, decisión y optimismo máximo nos sirve a todos. Al menos, a él lo ha llevado muy lejos.

ALBERT EINSTEIN

El niño que era tan malo con las palabras que acabó convirtiéndose en uno de los hombres más importantes de la historia con los números.

Alemania, 14 de marzo de 1879 - 18 de abril de 1955

No soltaba palabra. El pequeño Albert no conseguía aprender a hablar. Sus padres, preocupados, tuvieron que llevarle al médico. En el colegio sus profesores tampoco eran optimistas: uno de sus tutores dijo que «jamás va a llegar a nada».

Y es que, si nunca ha sido fácil negarse a seguir las normas y desafiar a la autoridad, en la Alemania de finales del siglo XIX era una verdadera locura.

Pero, quizás, el no hablar le hizo fijarse más en todo lo que le rodeaba; y la rebeldía lo llevó a cuestionarse hasta las reglas del científico más importante de la historia: Isaac Newton.

O quizá fuese tan sencillo como que Albert decidió que, si iba a vivir en su propio mundo, quería entenderlo mejor que nadie.

A los diez años empezó a interesarse por la ciencia y la filosofía, y a los catorce ya leía obras que sus profesores ni siquiera comprendían. Cuando empezó a trabajar, su jefe también debió tener paciencia cada vez que encontraba a Albert haciendo sus cálculos en vez de lo que le había encargado.

Pero todo ello tuvo pronto su recompensa: con solo veintiséis años revolucionó la ciencia, hasta llegar a su Teoría de la Relatividad, que demostraba que la energía y el tiempo están relacionados. Poco después le concedieron el Premio Nobel.

Y es que, al contrario que muchos otros grandes científicos, Albert tuvo la suerte de que el mundo reconociera su genio en vida. Su cara era más famosa que la de muchas estrellas de cine.

Pero él quizás estaría más orgulloso de que aún hoy en día, en todo el planeta, a los más inteligentes de la clase les siguen llamando «Einstein».

ALBERT ESPINOSA

El niño que perdió una pierna y ganó millones de corazones contándolo.

España, 5 de noviembre de 1973

Albert dice que su vida empieza cuando entra en la consulta del médico y le dicen que han de cortarle una pierna. Tenía catorce años. Pero su paso por el hospital fue mucho más largo, hasta los dieciocho, porque el cáncer de huesos que tenía se extendió y también tuvieron que extirparle un pulmón y parte del hígado. Por cada operación que superaba le regalaban una pulsera.

Insiste en que fue la época más feliz de su vida.

A fin de cuentas, pocos de sus médicos creían que fuera a sobrevivir. Y no solo lo consiguió, sino que se curó del todo. Conoció a un montón de gente maravillosa, sus compañeros también pacientes, que se llamaban a sí mismos «los pelones».

Aunque estudió ingeniería, nunca llegó a ejercer. Se había unido al grupo de teatro de la universidad y acabó escribiendo casi todas las obras que interpretaron. Gracias a ello, pronto empezó a trabajar como guionista de televisión y cine.

Ha conseguido grandes éxitos con sus obras más autobiográficas, como la novela *El mundo amarillo* y la serie *Pulseras rojas*, en las que muchas de las experiencias que narra son las suyas propias.

Desde entonces, ha sido uno de los autores de más éxito en los últimos años, con libros ya alejados de las historias de hospital, pero que siguen mostrando su optimismo, su alegría de vivir y su fe en la superación personal.

Uno de sus momentos cumbre fue cuando el director Steven Spielberg decidió producir la versión norteamericana de *Pulseras rojas*.

Albert sigue escribiendo, y aunque ya no está enfermo, no para de contagiar ganas de vivir a millones de personas.

ANDRE AGASSI

El niño que golpeaba 2.500 pelotas al día y se convirtió en el mejor tenista del mundo.

Estados Unidos, 29 de abril de 1970

Desde muy joven, Andre mostró una gran capacidad para el tenis. Su padre, que había sido boxeador, supo verlo y lo sometió a un entrenamiento brutal.

«Si golpeas 2.500 bolas al día, habrás golpeado un millón al año y seguro que ganas Wimbledon», le dijo. También utilizaba trucos, como subirle la altura de la red del campo para obligarlo a lanzar más alto.

El padre de Andre era cruel y no le permitía ni un día de descanso. Eso no estaba bien, pero dio resultado: cuando decidió llevarlo a una academia profesional, solo tenía dinero para pagar tres meses de clases, pero el director, tras verlo jugar, lo admitió gratis. Sabía que tenía a un futuro campeón entre manos.

Y no le faltaba razón: Andre empezó a ganarlo todo y no tardó en llegar a número uno del mundo tras batir toda clase de récords, como ganar en un mismo año el oro en las Olimpiadas y el World Tour de la ATP (solo ha sido igualado por Rafa Nadal).

Pero dicen que un verdadero campeón no es el que nunca se cae, sino el que sabe levantarse.

Andre sufrió una gran crisis que lo afectó profundamente. Su carrera parecía acabada. Pero decidió volver a empezar, entrenó con aún más dedicación… y al poco tiempo se convirtió en un jugador todavía mejor que antes.

Cuando se retiró definitivamente, él y su esposa Steffi Graf (que también fue tenista número uno del mundo) crearon una fundación para futuros talentos deportivos.

Hoy está considerado como el deportista que más dinero dedica a causas benéficas. Quizás es que lo más parecido a la felicidad de ganar es ayudar a que otros ganen.

«Haz de tu vida un sueño,
y de tu sueño una realidad.»

Antoine de Saint-Exupéry

ANTOINE DE SAINT-EXUPÉRY

El niño que se pasaba la vida en las nubes
y creó el extraterrestre más querido de la historia.

Francia, 29 de junio de 1900 - 31 de julio de 1944

Antoine nació en una familia aristocrática, rica e influyente. Pero la buena vida le duró muy poco: a los cuatro años murió su padre, y a los quince, su hermano. Se arruinaron y, como eran otros tiempos, él tuvo que ser el «hombre de la familia» y cuidar de su madre y sus hermanas.

Pero le gustaba demasiado la aventura. Hacía pequeños trabajos y suspendió exámenes a propósito para no entrar en el ejército, hasta conseguir dedicarse a su sueño: la aviación.

Se encargó de misiones solitarias y peligrosas volando sobre África, lo que le supuso varias medallas. Y corrió grandes peligros: tuvo varios accidentes que lo dejaron cada vez más débil.

Por fin, se retiró y se dedicó exclusivamente a escribir. Ya había ganado varios premios, aunque nada fue comparable a su siguiente obra: *El Principito*, la historia de un aviador en el desierto que conoce a un príncipe procedente de otro planeta.

Se convirtió en el libro de más éxito de toda la literatura francesa, con 150 millones de lectores y traducido a 250 idiomas. Aún hoy, se siguen vendiendo un millón de ejemplares cada año.

Es una obra que gusta tanto a los niños como a los adultos, y algunas de sus frases se han hecho históricas: «Lo más importante es invisible a los ojos».

Cuando estalló la Segunda Guerra Mundial, Antoine volvió a ser piloto e intervino en misiones peligrosas a favor de su país. En uno de sus vuelos desapareció, y su avión no fue encontrado hasta sesenta años más tarde.

Pero algo está claro: *El Principito* sí vivirá para siempre en millones de corazones.

BARACK OBAMA

El niño que luchó siempre por la igualdad y la justicia, y se convirtió en el primer presidente negro de Estados Unidos.

Estados Unidos, 4 de agosto de 1961

De niño coleccionaba cómics de Spider-Man, el superhéroe famoso tanto por sus poderes como por su tenacidad y por no rendirse nunca ante los mayores obstáculos.

Barack siempre supo que quería luchar por la igualdad. Era la persona ideal: de padre negro y madre blanca, pasó la infancia entre Estados Unidos y Kenia, entre la riqueza y la miseria.

Estudió para abogado, pero no para defender a clientes millonarios, sino los derechos civiles, es decir, causas como la igualdad entre blancos y negros, entre ricos y pobres, y entre hombres y mujeres. Desde el principio destacó por el gran respeto que mostraba hacia todos.

Pero vio que, por mucho que se esforzaba con cada caso, la forma de conseguir cambios para todos era dedicarse a la política. Fue logrando cargos cada vez más importantes, hasta que por fin decidió presentarse a presidente.

A pesar de su éxito, pocos creían que en Estados Unidos estuvieran «preparados» para tener un presidente negro. Y recibió montones de ataques por su raza y sus ideas. Pero él tenía una gran fe en que la gente siempre es más inteligente de lo que muchos creen, así que decidió no rendirse y seguir.

Su triunfo fue uno de los mayores de los últimos tiempos. Consiguió ilusionar a toda una nación: negros, blancos y de todas las razas.

Hoy es uno de los únicos tres presidentes estadounidenses que han ganado el mayor reconocimiento del mundo: el Premio Nobel de la Paz.

Y aún mejor: todavía hoy, ya alejado del gobierno, sigue siendo una de las personas más valoradas, admiradas y queridas de su país.

BILL GATES

El niño que se hizo el hombre más rico del mundo y lo dejó todo para ayudar a la humanidad.

Estados Unidos, 28 de octubre de 1955

Seguro que has oído eso de que lo importante no es ganar, sino participar. Para el padre de Bill, lo importante no era ganar, sino esforzarse siempre al máximo.

Su hijo resultó aún más competitivo que él: ya de pequeño, en vez de jugar, montaba verdaderas olimpiadas para sus amigos.

En el colegio descubrió los ordenadores, que, aunque ahora parezca increíble, entonces eran solo para grandes empresas. Desde el principio se enamoró de ellos y vio que «un día todos tendremos uno en casa».

El problema era que casi nadie más pensaba como él.

Pero también estaba convencido de que si no te gusta el mundo, lo cambias.

Muy decidido, acabó dejando los estudios y fundó la empresa Microsoft con su mejor amigo, Paul Allen.

Y en pocos años, en efecto, cambió el mundo.

No solo tuvo razón en que todos tendríamos ordenador, sino que, en su mejor momento, ocho de cada diez de estos usaban el sistema operativo de Bill, primero DOS y hoy Windows.

Llegó a ser el hombre más rico del mundo. Pero entonces decidió dejarlo todo para volver a cambiarlo.

Creó su propia fundación, que usa la tecnología para ayudar en los grandes retos de la humanidad, desde la medicina hasta la educación y la escasez de agua potable. Por ejemplo, no le bastó con mejorar las vacunas; también creó el contenedor perfecto para que tarden más en caducar y sean más baratas.

Hoy sigue dedicando todo su talento y energía sin fin a hacer realidad su sueño de un mundo más justo, en el que las oportunidades de sobrevivir y triunfar no dependan tanto de dónde hayas tenido la suerte de nacer.

BOBBY FISCHER

El niño abandonado que se concentró en el ajedrez y fue querido por el mundo entero.

Estados Unidos, 9 de marzo de 1943 - 17 de enero de 2008

Cuando Bobby tenía seis años, le regalaron una caja de «juegos reunidos». En ese mismo momento comenzó su pasión por el ajedrez.

Muchos grandes maestros de este deporte ya son genios desde la infancia. En el caso de Bobby no fue así; ni siquiera dio clases hasta muy tarde. Según dijo un experto, «la infancia de Fischer no fue impresionante, pero su adolescencia fue espectacular».

Y es que Bobby vivía únicamente para el ajedrez. Tanto que su madre, preocupada, tuvo que llevarlo al psiquiatra debido a la obsesión del niño. Algo tendría que ver el que su padre los hubiese abandonado antes de que él naciera.

Más tarde, cuando Bobby tenía diecisiete años, fue su madre la que se fue, dejándolo solo.

Su estilo de juego era muy rápido y agresivo. Eso, junto a su personalidad excéntrica y el que no perdiera ni un solo torneo oficial, hicieron que todo el mundo se fijara en él. Y más cuando disputó «la partida del siglo» contra el campeón ruso Spassky. En 1972, la rivalidad entre estadounidenses y soviéticos era feroz, y los rusos llevaban casi cuarenta años ganando todos los torneos mundiales.

Bobby acabó triunfando de forma contundente, pero desde entonces nunca más quiso disputar otro torneo oficial. Según parece, tenía pánico a perder.

Por desgracia, sus problemas mentales se fueron agravando cada vez más. Acabó viviendo casi como un mendigo y odiando a su país y a los judíos (a pesar de ser él mismo medio judío).

Pero todo eso solo aumentó su leyenda. Lo importante es que fue uno de los mejores jugadores de la historia, capaz de despertar la pasión del mundo entero.

CHARLES DARWIN

**El niño que iba para párroco y acabó
enfrentándose a la Iglesia al descubrir
de dónde viene realmente el ser humano.**

Reino Unido, 12 de febrero de 1809 - 19 de abril de 1882

De pequeño, a Charles le importaban muy poco sus estudios. Lo que le gustaba era ir de excursión solo y coleccionar insectos y plantas.

Su padre lo mandó a estudiar medicina. El desinterés de su hijo fue tan grande que decidió cambiar de idea y que se formara para ser párroco.

Allí, entre sus compañeros y profesores, Charles conoció por fin a gente con su misma afición por la naturaleza. Les impresionó con su gran colección de escarabajos.

Lo recomendaron como naturalista en una expedición marítima de cinco años por Sudamérica, a bordo del barco *Beagle*. Así, Charles tuvo la oportunidad de observar un montón de animales con características únicas.

De regreso, entendió que los seres vivos cambian con el tiempo, y eso los hace sobrevivir o no. Era la explicación a muchos enigmas, como por qué hay fósiles de animales que ya no existen.

El trabajo de organizar la información le produjo un gran estrés, del que nunca se recuperaría del todo.

Y le dolió mucho que el resultado, su Teoría de la Evolución, fuese rechazada por una parte de la Iglesia, que creía que chocaba con las enseñanzas de la Biblia. La ciencia, en cambio, la aceptó al poco tiempo, y Charles tuvo el orgullo de ser considerado uno de los científicos más importantes de la historia.

Nunca llegó a ver cómo, casi un siglo más tarde, su teoría volvió a ser discutida por extremistas que no querían que se enseñara en las escuelas. Por suerte, los tribunales no les dieron la razón.

A fin de cuentas, eso es la evolución: por mucho que algunos quieran impedirlo, el mundo siempre avanza.

«Se necesitan tres cosas para ganar:
la disciplina, el trabajo duro y, por encima
de todo, tal vez, el compromiso.
Nadie va a hacerlo sin esas tres.
El deporte te enseña eso.»

Haile Gerbselassie

CHE GUEVARA

El niño que se pasó la niñez en la cama y acabó luchando por la justicia en las selvas de todo un continente.

Argentina, 14 de junio de 1928 - 9 de octubre de 1967

De pequeño, Ernesto (conocido como Che) tuvo todo lo que quería… menos salud. Con solo dos años empezó a sufrir ataques de asma tan fuertes que le hacían pasarse días y días en la cama. Se apasionó por los libros de aventuras, sobre todo los de Julio Verne. Ya de joven se dedicó a viajar en moto por Sudamérica, y descubrió las condiciones miserables de vida de los pobres y los indígenas, sobre todo tras ayudar unos meses en un hospital para enfermos de lepra.

No soportaba el poder de Estados Unidos en Sudamérica, que apoyaba a los gobiernos más crueles e injustos.

En Cuba conoció a Fidel Castro, que organizaba una revolución para liberarse de su dictador. Enseguida se hicieron grandes amigos y Ernesto decidió entrenarse como guerrillero y participar.

El clima era el peor para su asma y sufría ataques constantes, pero a pesar de ello destacó en combate por su liderazgo y su valentía. Fidel lo ascendió a capitán y solo cinco días después a comandante.

La revolución triunfó, y Ernesto ocupó algunos de los cargos más importantes en el nuevo gobierno. Pero pronto decidió dejarlo todo y participar en las luchas de otros países de América y África. Creía que la única forma de combatir a Estados Unidos era que estallaran revoluciones a la vez por todo el mundo.

Fue en uno de esos combates, en Bolivia, cuando Ernesto fue asesinado.

Pero el Che Guevara se había convertido en todo el mundo en un símbolo de la lucha por la justicia.

Muchos años antes, él mismo lo había escrito en un poema: «Un recuerdo más perdurable que mi nombre es luchar, morir luchando».

DALÁI LAMA

El niño que enseñó la paz a millones de personas en todo el mundo, aunque no lo dejaran volver nunca a casa.

Tíbet, 6 de julio de 1935

Su vida podría ser una gran película de aventuras.

Con dos años fue declarado la reencarnación del anterior dalái lama, el líder de los budistas. Para ello, le hicieron un montón de pruebas, como adivinar cuáles de varios objetos iguales habían pertenecido al dalái. Lhamo (su nombre real) las acertó todas.

Cuando tenía cuatro años fue casi secuestrado por el gobernador del Tíbet, que exigió un rescate para dejarlo salir del país.

Después el Tíbet fue invadido por su país vecino, China, con la ayuda del número dos del dalái, que lo traicionó. China aceptó que el dalái lama gobernase; pensaban que les sería leal. Pero él les demostró enseguida que creía demasiado en sus ideas de paz y democracia, incluso cuando por defenderlas tuvo que acabar huyendo a la India. Nunca más le han permitido volver a su país.

Desde entonces y hasta hoy, con más de ochenta años, el dalái lama ha viajado incansable por todo el mundo, defendiendo la independencia de su pueblo y enseñando sus ideas de no violencia. En 1989 le concedieron el Premio Nobel de la Paz.

En 1995, cuando murió el mismo «número dos» que lo había traicionado, el dalái lama decidió qué niño era su reencarnación. Los chinos lo secuestraron y lo cambiaron por otro niño, con la esperanza de poder controlarlo.

Al mismo tiempo, China ha ofrecido muchas veces al dalái lama volver al Tíbet, a cambio de renunciar a sus principios. Él se ha negado siempre.

Un ejemplo de sus enseñanzas: ser bueno es fácil con la gente que quieres, pero solo eres bueno de verdad si haces lo mismo con los desconocidos. ¿Verdad que el mundo iría mucho mejor?

FÉLIX RODRÍGUEZ DE LA FUENTE

El niño que jugaba con los animales y consiguió que el mundo entero amase la naturaleza.

España, 14 de marzo de 1928 - 14 de marzo de 1980

El día que el pequeño Félix vio como un halcón capturaba un pato, supo enseguida lo que quería hacer el resto de su vida.

Su padre no era partidario de mandar a los niños al colegio demasiado pronto, así que hasta los diez años Félix pudo disfrutar jugando en plena naturaleza y conociendo a sus habitantes.

Todo cambió cuando después lo enviaron a un internado. Y, aunque fue muy infeliz, estudió medicina y trabajó unos años como dentista para contentar a su padre. Pero en cuanto este murió, decidió dedicarse de pleno a su pasión.

Un día le hicieron una entrevista de cinco minutos en la tele, a la que se presentó con un halcón y habló con tanta pasión que se recibieron un montón de cartas pidiendo que volviera. Entonces le dieron una sección fija, después su propio programa, más tarde una serie de documentales sobre la fauna española, luego otra sobre la fauna mundial…

Cada vez tenía más y más éxito. Su serie más famosa, *El hombre y la Tierra*, triunfó en muchos países y ganó muchísimos premios. Nadie se acercaba tanto a los animales como él. Por ejemplo, para estudiar a los lobos, crió a varios hasta que estos lo consideraron el jefe de la manada.

Félix estaba convencido de que los humanos, sin rechazar los avances, tenían que volver a vivir como en la prehistoria, en poblaciones de menos de 5.000 personas y en comunión con la naturaleza. Es decir, como en su propia infancia.

Un accidente de helicóptero acabó con su vida mientras preparaba nuevos programas. Al mayor fan de los halcones le aterrorizaba volar, y antes de subir a aquel aparato dijo misteriosamente: «Hoy es un gran día para morir».

HAILE GEBRSELASSIE

El niño que corría de casa al colegio y se convirtió en el mejor maratonista de toda la historia.

Etiopía, 18 de abril de 1973

Haile vivía en una granja de Etiopía con sus nueve hermanos. La escuela estaba a diez kilómetros. Se acostumbró a ir y volver cada día corriendo.

De hecho, de mayor fue famoso por la extraña postura de su brazo izquierdo al correr en las competiciones: era como si todavía cargara con los libros del colegio.

Pero el padre de Haile no creyó que su hijo tuviera futuro en el deporte hasta que este casi había cumplido los veinte años.

En cuanto le permitió participar en carreras, Haile empezó a ganarlo todo: en sus dos primeras competiciones internacionales de fondo quedó segundo y primero del mundo.

Al año siguiente, ganó el primero de cuatro títulos internacionales seguidos, todo un récord. Y eso a pesar de que por error pisó la zapatilla de otro corredor; este decidió seguir con una sola y casi lo superó.

En sus mejores años, Haile no perdió ni una sola carrera. Así, no es raro que batiese toda clase de récords: ¡27 veces en marcas mundiales, y unas increíbles 61 veces en Etiopía!

Las inevitables lesiones y sus problemas de asma (que, según dicen algunos, le vino por un exceso de entrenamiento) hicieron que empezara a no ganar algunas carreras. Pero nunca perdió la costumbre: con treinta y seis años superó su propio récord en la maratón de Berlín.

Una muestra de su voluntad y amor por el deporte fue que, en 2015, cuando decidió retirarse, dijo: «Renuncio a las competiciones, no a correr. No puedo dejar de correr: es mi vida». Desde entonces, promueve los talentos de su país como presidente de la Federación Etíope de Atletismo.

HARRY HOUDINI

El niño que escapó a la muerte miles de veces y se convirtió en el mago más famoso del mundo.

Hungría, 24 de marzo de 1874 - 31 de octubre de 1926

Harry decía en broma que su truco para escapar de todas las trampas mortales de sus espectáculos era desaparecer de un lugar y aparecer en otro. Tenía mucha práctica: con solo cuatro años, su familia huyó de la pobreza de Hungría para vivir en Estados Unidos.

Pero Harry prefería la fantasía a la vida real. El día que vio una función de circo decidió que su vida sería el espectáculo.

Empezó haciendo magia con cartas. Era bueno, pero no excelente. Eso no era bastante para él, así que no paró hasta encontrar algo que lo hiciera único.

Pronto descubrió que tenía un talento increíble para el escapismo: ser encerrado en toda clase de espacios pequeños y liberarse como por arte de magia. Aunque, al contrario que muchos ilusionistas de la época, Harry siempre luchó contra los magos y espiritistas que decían tener poderes sobrenaturales de verdad.

Se hizo famoso en todo el mundo viajando por muchos países y pidiendo a la policía que lo esposaran para liberarse después. Alguien lo acusó de que su secreto era sobornar a los agentes. Harry lo denunció y ganó el juicio cuando consiguió abrir la caja fuerte del despacho del juez.

(Años más tarde, admitió que le había sido muy fácil: el juez se había olvidado de cerrarla antes).

Iba creando actuaciones cada vez más espectaculares, como ser encadenado de pies y manos, encerrado en una caja de madera cerrada con clavos y tirado al mar. Tardó menos de un minuto en escapar.

Aún hoy, un siglo después, y a pesar de saberse cómo conseguía llevar a cabo algunos de sus trucos, poquísimos han conseguido imitar los espectáculos del mejor mago de la historia.

«La felicidad de la abeja y la del delfín es existir. La del hombre es descubrir esto y maravillarse por ello.»

Jacques-Yves Cousteau

HARVEY MILK

El niño que tenía que ocultar que era gay y después se convirtió en el mayor defensor de la causa.

Estados Unidos, 22 de mayo de 1930 - 27 de noviembre de 1978

Harvey descubrió muy pronto que era gay. Pero también descubrió que en Estados Unidos eso era ilegal. O casi: no estaba prohibido serlo, pero sí practicarlo. ¡Era como si te permitieran enamorarte, pero no besarte!

No le quedó más remedio que ocultar sus sentimientos. En el instituto y en la universidad nadie sospechó nada: era el gracioso de la clase, y sus compañeros destacaban su increíble capacidad de convicción.

Tuvo que mantener el secreto muchos años. Hasta pensó en pedirle a una amiga lesbiana que se casasen para mantener las apariencias.

Por fin, decidió irse de Nueva York a San Francisco, la ciudad con la mayor comunidad gay del país.

Cuando iban a crear una ley que prohibía a los homosexuales ser profesores de escuela, Harvey decidió sacar su secreto a la luz. Se dio cuenta de que si muchos lo hacían, serían tantos que los políticos tendrían que hacerles caso.

Así, él mismo, gracias a su capacidad de lucha y optimismo sin límites, se convirtió en el primer político norteamericano en ser elegido sabiéndose que era gay. Consiguió que no se pudiera despedir a nadie de su trabajo solo por su orientación sexual, además de defender causas como el transporte público gratuito.

Pero, menos de un año después, fue asesinado por el hombre al que había sustituido en el ayuntamiento. La noticia corrió enseguida y se improvisó una enorme manifestación que desfiló con velas durante toda la noche.

Harvey hubiera estado orgulloso al saber que hoy se celebra cada año el Día de Harvey Milk. Y que, gracias en gran parte a él, muchos jóvenes ya no tienen que sufrir en secreto su sexualidad.

IQBAL MASIH

El niño encadenado a un telar que acabó liberando a más de 3.000 esclavos.

Pakistán, 1982 - 16 de abril de 1995

En este libro lleno de grandes personajes, Iqbal es uno de los mayores: no solo tuvo una de las infancias más duras de todas, sino que se convirtió en todo un superhéroe ya de niño.

Era 1982 y la esclavitud llevaba muchísimos años abolida, pero en algunos países seguía existiendo y nadie hacía mucho por evitarlo.

En Pakistán, cuando uno de los padres de Iqbal tuvo que ser operado y no pudieron pagarlo, una fábrica de alfombras les ofreció el dinero a cambio de que le entregaran a su hijo. Solo tenía cuatro años.

Iqbal (y muchos otros niños) eran encadenados a grandes telares y obligados a trabajar doce horas seguidas, sin un solo día de descanso. Las condiciones eran tan miserables que a los doce años Iqbal tenía la altura de un niño de seis.

Cuando no pudo más, se escapó. La policía lo encontró y, en lugar de ayudarlo, lo devolvió a la fábrica.

No tardó en volver a escaparse, pero esta vez acudió a un grupo que liberaba niños esclavos, en el que se dedicó con todas sus fuerzas a ayudar a otros chicos en su situación.

Viajó por todo el mundo denunciando la esclavitud infantil, y consiguió que se presionara tanto a las fábricas que estas se vieron obligadas a liberar a más de 3.000 esclavos.

Por desgracia, a los trece años, Iqbal fue asesinado como venganza. Quién sabe si, de haber continuado vivo, hubiera conseguido acabar con toda la esclavitud infantil en el mundo.

Pero una cosa está clara: tres mil personas maltratadas y olvidadas por todos pueden llevar hoy una vida normal gracias a él. Solo un verdadero superhéroe puede decir algo así.

ISAAC NEWTON

El niño tan pequeño que cabía en una jarra de litro y cambió la ciencia para siempre.

Reino Unido, 4 de enero de 1643 - 31 de marzo de 1727

El hombre que descubrió que las cosas más grandes y las más pequeñas seguían las mismas reglas científicas, fue él mismo un niño tan pequeño que en su familia temieron por su vida.

Su padre había abandonado a su madre dos semanas antes de que Isaac naciera. Él fue un niño tímido y poco hablador, más amigo de los libros que de las personas.

Aunque en el colegio no le fue muy bien porque se aburría, allí descubrió la ciencia. Se hizo famoso porque no tenía punto medio: lo que le gustaba le apasionaba, y todo lo demás lo ignoraba completamente.

Gracias a que desde siempre había tenido la cabeza en las nubes, un día se hizo una pregunta importantísima: ¿y si el movimiento de las cosas pequeñas, como una manzana que cae de un árbol, siguiera las mismas reglas que las cosas más grandes, los planetas? (Hay quienes dicen que se le ocurrió al caerle una manzana en la cabeza, otros que fue al ver cómo caía una manzana al suelo, y otros que todo fue un invento de su biógrafo y que ya basta de hablar de manzanas).

En todo caso, y gracias a aquella sencilla pregunta y a sus cálculos inacabables para responderla, Isaac desarrolló su famosa Ley de la Gravitación Universal, la base de gran parte de la ciencia moderna, además de crear el cálculo matemático moderno.

Aunque no es cierto que antes que él los científicos creyeran que el Sol giraba alrededor de la Tierra, fue Isaac quien encontró la explicación más convincente del cómo y el porqué.

Hoy está considerado como uno de los científicos más grandes que hayan nacido nunca. Aunque fuera del tamaño de una jarra.

JACQUES-YVES COUSTEAU

El niño que soñaba con ser aviador y acabó descubriéndonos el mundo submarino.

Francia, 11 de junio de 1910 - 25 de junio de 1997

Ya desde pequeño, estaba claro que el suelo que pisaba no era suficiente para el hambre de conocimiento de Jacques Cousteau.

Le apasionaban el cielo y las máquinas. Su familia, sus amigos y él mismo estaban convencidos de que un día sería un gran piloto de avión.

Sabía que no iba a ser fácil: desde muy pequeño sufría de anemia, que lo hacía cansarse enseguida. Pero eso no frenó su curiosidad insaciable. Ahorró durante meses para poder comprarse una pequeña cámara de cine, y en cuanto la consiguió, lo primero que hizo fue desmontarla para comprobar cómo funcionaba.

Entonces le sucedió algo que cambió su vida: sufrió un accidente de coche que lo dejó aún más debilitado. Esta situación lo obligó a abandonar su sueño de ser aviador.

Lejos de rendirse, cuando un amigo le regaló una máscara de buceo, Jacques decidió que, si no podía dominar el cielo, lo haría con el mar.

Y no solo quería conocerlo él mismo mejor que nadie: deseaba compartirlo con toda la humanidad, filmando películas submarinas. El material que necesitaba no existía, pero tampoco eso lo detuvo: fue uno de los inventores del respirador submarino moderno y de la primera cámara capaz de filmar bajo el agua.

El éxito le permitió dedicarse por entero a la investigación a bordo de su propio barco, el *Calypso*, a luchar contra la contaminación de los mares y a crear una de las series documentales de más éxito en todo el mundo.

Y no, Jacques nunca llegó a ser aviador. Pero a cambio, se enamoró y conoció como nadie antes el fondo del mar. Que es el único otro lugar donde hay estrellas.

JAMIE OLIVER

El niño que cortaba verduras en el restaurante de sus padres y acabó cocinando para millones y millones de personas.

Reino Unido, 27 de mayo de 1975

Los padres de Jamie tenían un *pub* y restaurante en el pequeño pueblo inglés de Clavering. Irónicamente, uno de los pocos personajes famosos nacidos allí fue la mujer conocida como «Sally Arsénico», que en el siglo XIX había matado a su familia envenenándoles la comida.

Apasionado de la cocina desde muy pequeño, Jamie ya ayudaba en el restaurante a los ocho años, y a los once cortaba las verduras más rápido que los propios cocineros. Al acabar sus estudios, trabajó en varios restaurantes de lujo de Londres. Precisamente gracias a su forma espectacular de cortar, salió en un documental de la tele, y al poco tiempo le dieron su propio programa. Resultó todo un éxito. Insistía siempre en usar ingredientes locales y sanos, y, sobre todo, en que sus platos fuesen deliciosos, pero muy fáciles y rápidos de preparar.

Siempre ha atacado la comida rápida y los platos preparados, por poco sanos y porque se puede cocinar una comida buena de verdad en casi el mismo tiempo.

El ser famoso hizo que pudiera cumplir su sueño de tener un restaurante propio. Y mucho más que uno: hoy en día tiene quince.

Jamie insiste siempre en contratar empleados de familias pobres. Cree que todo el mundo merece tener una oportunidad.

También denunció la mala calidad de la comida en las escuelas, que perjudicaba la salud de los alumnos y les hacía adquirir malos hábitos de alimentación. Jamie defendía que, si se hace bien, ofrecer platos más sanos no tiene por qué ser más caro. Tanto insistió que el gobierno decidió intervenir y mejorar su calidad.

Hoy, Jamie es uno de los cocineros más populares del mundo. Gracias a él, millones de personas han aprendido que comer puede ser mucho más sano, gustoso… y más divertido.

«Un sueño que sueñas solo,
es solo un sueño. Un sueño que sueñas
con alguien más, es una realidad.»

John Lennon

JOHN LENNON

El niño que venció su rabia interior y se convirtió en el cantante de la paz.

Reino Unido, 9 de octubre de 1940 - 8 de diciembre de 1980

«Una guitarra está bien, pero no vas a ganarte la vida con eso», le dijo a John, de pequeño, su tía Mimi. Él siempre había sido un rebelde. ¿Y quién podría culparlo? Su padre lo había abandonado y su madre, enferma, no podía ocuparse de él.

Pero a John solo le importaba la música. Como vivía en Liverpool, una ciudad portuaria, muchos marineros norteamericanos traían y vendían discos de *rock 'n' roll*, que en Inglaterra eran toda una novedad.

Pronto John montó un grupo con otros compañeros del cole y amigos del barrio, Paul McCartney y George Harrison. Triunfaron en Liverpool y los contrataron para tocar en Alemania, donde se les unió Ringo Starr. Así nació The Beatles.

De vuelta a Inglaterra, sus discos fueron éxitos mundiales como ningún otro grupo lo había logrado antes (o después). Tanto, que dieron nombre a la *beatle-manía* y a los jóvenes «yeyé», llamados así porque en varias canciones del grupo decían *yeah, yeah*.

John también escribió dos libros de poesía. Era el «duro» de la banda, pero también el más sensible, el intelectual.

Un día, conoció a la artista Yoko Ono y se enamoraron tanto que desde entonces lo hicieron todo juntos. A los fans, Yoko no les caía bien, pero a ellos dos eso no les importaba: John se sentía feliz por primera vez en su vida.

Aprovecharon la fama para apoyar la paz y el feminismo. Años después, él decidió hacer de «amo de casa» y dedicarse en exclusiva a criar a su hijo.

Y así, John y Yoko vivieron felices, y no comieron perdices porque los dos eran vegetarianos, pero más importante es ser felices, ¿no?

JULIO VERNE

**El niño al que su padre le hizo prometer
que nunca viajaría, y llevó a millones de lectores
desde el centro de la Tierra hasta la Luna.**

Francia, 8 de febrero de 1828 - 24 de marzo de 1905

Jules (Julio) era uno de esos niños tranquilos y obedientes que, cuando la lían, la lían parda: con once años, se apuntó como grumete en un barco para viajar a las Indias. Su padre tuvo que correr al siguiente puerto para sacarlo de allí, y le hizo jurar que solo viajaría con su imaginación.

De eso le sobraba. Quedó impresionado para siempre por una de sus profesoras, que había perdido a su marido en un naufragio y estaba convencida de que este vivía solo en una pequeña isla y que algún día volvería.

Julio estudió para abogado en París, como deseaba su padre. Publicó cuentos y se hizo amigo de otro gran personaje, un explorador que no había dejado de viajar a pesar de haberse quedado ciego. Juntos, inventaron la «novela de viajes» moderna.

Aún más importante, Julio empezó a dar vueltas a la idea de un nuevo género, la «novela de ciencia», que hoy conocemos como ciencia ficción.

Su primera novela fue *Cinco semanas en globo*. Un editor le ofreció pagarle un sueldo a cambio de que le dejara publicar sus libros por entregas en una nueva revista. Julio aceptó, y ya nunca tuvo que preocuparse más por el dinero.

Dedicado por completo a escribir, creó *Viaje al centro de la Tierra*, *De la Tierra a la Luna*, *Veinte mil leguas de viaje submarino*, *La vuelta al mundo en ochenta días*… y tantas otras. Le sobraba la imaginación y la voluntad: publicaba una o dos obras por año.

Hoy, Verne es el segundo autor más traducido de todo el mundo.

Ah, y ya rico y triunfador, Julio pudo permitirse desobedecer a su padre, comprarse un barco y, por fin, viajar de verdad.

KELVIN DOE

El niño que crea las mayores innovaciones con el material que encuentra en la basura.

Sierra Leona, 26 de octubre de 1996

Un joven se sube al metro en Nueva York y saluda a todos los pasajeros: «Buenos días». Por supuesto, nadie le hace ni caso.

«En mi país, lo educado es saludar a todo el mundo que te encuentres de cara», dice confuso.

Amabilidad es lo único que hay de sobras en Sierra Leona. Todo lo demás falta. Es uno de los países más pobres del mundo: siete de cada diez personas viven en la miseria.

El joven Kelvin, con quince años, fue a Estados Unidos invitado por el Instituto Tecnológico de Massachusetts, quizás el centro más importante que existe en innovación.

Ya desde pequeño deseaba ayudar a su familia y a sus vecinos, que, por ejemplo, solo tienen electricidad un día a la semana. Aprendió por su cuenta y creó baterías para dar luz a las casas ¡con objetos que encontraba en la basura!

También construyó una emisora de radio, de nuevo con piezas sueltas abandonadas, mucho ingenio y montones de cinta aislante. Creó su propio programa y se hizo DJ para promocionar a los músicos de su país y dar voz a su comunidad.

Pronto recibió la oportunidad de pasar un tiempo en Norteamérica aprendiendo. Eran tres semanas, pero las aprovechó muy bien: no solo para estudiar, sino para conseguir que le prestaran dinero y montar una empresa de tecnología en Sierra Leona. «Lo que más necesitamos es aprender a arreglarnos nosotros nuestros problemas».

Kelvin se hace llamar DJ Focus (*concentración* en inglés), porque «con un poco de concentración se puede conseguir cualquier cosa».

Por suerte, el genio y la voluntad sí están bien repartidos por todo el mundo.

KILIAN JORNET

El niño bajito que subió a lo más alto del mundo más rápido que nadie. Dos veces.

España, 27 de octubre de 1987

En el control de la carrera estaban sorprendidos: ¿quién era aquel niño de cinco años al que tuvieron que parar porque se había metido en medio y estaba adelantando a todos los corredores? Cuando su madre llegó persiguiéndolo porque se le había escapado, les presentó a su hijo, Kilian.

El niño había nacido en la montaña, que para él fue siempre su casa y su parque de juegos; un parque a dos mil metros de altura y cubierto por la nieve cinco meses al año.

Sus padres, apasionados del montañismo, no dejaban de asombrarse con la pasión deportiva de su hijo: cuando solo tenía 18 meses insistió en acompañarlos en una caminata de ocho horas. Con tres años hizo su primera cima de más de 3.000 metros. A los cinco subió la cumbre más alta de los Pirineos… y cuando bajó, en vez de descansar, se fue a montar en bici. Un año después subió su primer cuatro mil en los Alpes.

A los quince años decidió que era más divertido ir corriendo cada día los 25 kilómetros que llevaban al instituto que coger el autobús. Tenía tanta voluntad y resistencia que apenas le cabían en su pequeño cuerpo de metro setenta.

En 2017 le llegó la fama mundial: no solo subió al Everest, la cumbre de la Tierra, con menos equipamiento que nadie y pulverizando el récord de tiempo, sino que al bajar decidió que podía hacerlo mejor e inmediatamente volvió a subir. Así batió otro récord mundial: el suyo propio de unos días antes.

¿Cuál es el secreto de Kilian? Sencillo: enfrentarse a cada reto de la vida, pequeño o grande, como si fuera un juego. Y, sobre todo, no dejar nunca nunca de jugar.

LEONARDO DA VINCI

El niño que tuvo que aprender por sí solo y se convirtió en el mayor genio de la historia.

Italia, 15 de abril de 1452 - 2 de mayo de 1519

Si le hubieran preguntado qué quería ser de mayor, habría contestado «pintor, médico, ingeniero, escritor, científico, músico, inventor, arquitecto, dibujante, escultor, filósofo, poeta...».

Pero nadie se lo preguntó, porque su padre lo había tenido con una mujer que no era su esposa. El niño, Leonardo, sentía una curiosidad sin fin por todo, y decidió aprender por su cuenta. Su único problema era que le costaba concentrarse en algo y acabarlo.

Destacó en el dibujo y fue recomendado para trabajar como aprendiz en un taller de Florencia. En aquella época, en Italia, los grandes artistas tenían mucho trabajo y necesitaban un montón de ayudantes.

Pintó uno de sus cuadros más conocidos, *La última cena*, a la vez que era contratado como ingeniero para mejorar las defensas de varias ciudades, por entonces muy invadidas.

También es el autor del cuadro más famoso del mundo, la *Mona Lisa*, considerado desde el principio como una obra maestra. Según parece, la razón de su misteriosa sonrisa es que, mientras Leonardo pintaba, siempre había músicos o cómicos para que la modelo no se aburriera.

Como inventor, creó el submarino, el helicóptero, el tanque, el coche, el traje de buceo... Aunque ninguno de ellos funcionaba en realidad, fue el primero en tener las ideas.

De hecho, dejó más de 13.000 páginas de ideas, estudios y notas, y se cree que eso es solo un tercio de todo lo que escribió.

Hoy en día, muchos lo consideran el mayor genio de la historia del mundo. Como el propio Leonardo siempre decía entre risas, no está mal para alguien sin estudios.

«Debes ser el cambio
que deseas ver en el mundo.»

Mahatma Gandhi

LILI ELBE

La niña que nació en un cuerpo que no era el suyo.

Dinamarca, 28 de diciembre de 1882 - 13 de septiembre de 1931

Te preguntarás qué hace una niña en este libro. Para entenderlo, hay que saber que existen hombres y mujeres que nacen con todas las características genéticas de un sexo, pero con los órganos sexuales del otro; igual que hay gente que por un error genético nace con más dedos.

Sus vidas resultan complicadas hasta que lo descubren. Y más hace cien años, cuando aún se sabía muy poco del tema.

Lili fue una de ellas. Tuvo la suerte de no sufrir grandes traumas: se enamoró y se casó con una compañera de estudios en la universidad. Según parece, descubrió su condición por casualidad, cuando esta, ilustradora de moda, le pidió que posase vestida de mujer porque no encontraba una modelo.

Lili notó que se sentía especialmente cómoda y a gusto, y empezó a salir a la calle vestida de mujer. Nadie la tomaba por un hombre; de hecho, recibía un montón de piropos.

Un día, su médico vio que algunas de sus características físicas (como las hormonas) no eran de hombre, y le propuso hacerle las primeras operaciones de «cambio» de sexo de la historia.

Lili se hizo muy famosa. Por suerte, Dinamarca siempre ha sido un país avanzado, y no solo anularon su matrimonio, sino que la reconocieron legalmente como mujer.

Por fin, Lili aceptó hacerse las operaciones, sobre todo porque se había enamorado de un hombre y deseaba tener hijos con él. Pero, tras estas, sufrió una infección que acabaría provocándole la muerte.

Solo fue mujer del todo durante un año, aunque dijo que «a mí me ha parecido una vida entera». A fin de cuentas, «ser feliz» se dice igual en masculino que en femenino.

LIONEL MESSI

El niño que no podía crecer, pero llegó a ser uno de los mejores futbolistas de la historia.

Argentina, 24 de junio de 1987

Casi desde que nació lo tuvo muy claro: no se separaba de su balón ni cuando sus padres lo mandaban a hacer recados. Jugó su primer partido infantil con cuatro años.

Era muy bajito, nunca hablaba, estaba acomplejado porque no le crecían los huesos. Lo llamaban cariñosamente «la Pulga». En los vestuarios se cambiaba de espaldas para no mostrar que apenas tenía pectorales.

Su virtud no era solo su inmenso talento. Según muchos, nadie más hubiese tenido tanta voluntad para seguir a pesar de su enfermedad. Tratarla era carísimo y sus padres no tenían dinero. Aun así, los equipos se lo disputaban, y por fin el Barcelona se ofreció a pagarle el tratamiento.

Lionel pasó un tiempo muy triste, viviendo en Europa sin su familia y amigos. Pero seguía alucinando a todos. El entrenador del primer equipo fue a verlo a un partido infantil, y antes de sentarse ya decidió ficharlo. Firmaron su primer «contrato» en una servilleta.

Tras unos años en las categorías juveniles, siempre rompiendo un récord tras otro y ganándose la admiración y el cariño de sus compañeros, pasó a primera división.

Ha ganado más premios que nadie en la historia. Entre ellos, el Balón de Oro cinco veces (cuatro seguidas). Y ha sido fundamental en los logros de su equipo, como ganar un año los seis títulos nacionales y mundiales a los que aspiraban.

Aunque quizás lo que más le enorgullezca son las palabras de Maradona cuando lo vio jugar: «Aquí se va a acabar la polémica sobre si el mejor ha sido Pelé o yo».

Queda claro que, con voluntad, ser bajito no impide llegar a lo más alto.

LOUIS BRAILLE

El niño que inventó todo un lenguaje para ciegos porque quería escribir a su familia.

Francia, 4 de enero de 1809 - 6 de enero de 1852

El pequeño Louis tenía tres años y solo intentaba trabajar el cuero como veía hacer a su padre, pero tuvo un accidente y se hizo daño en un ojo. En su casa llamaron enseguida a un médico, que lo trató como pudo y lo envió a París para que lo operasen.

Apenas pudieron hacer nada: Louis perdió el ojo. Y, peor todavía, la infección le pasó al otro, y con solo cinco años se quedó ciego. Al principio no entendía lo que le pasaba y preguntaba por qué estaba siempre oscuro.

Su padre se empeñó en que Louis llevase una vida lo más normal posible, por difícil que eso fuera a principios del siglo XIX. Le enseñó a moverse por su pueblo con bastones que él mismo le fabricaba, y lo inscribió en el colegio local.

En contra de lo que se esperaba, sacó buenas notas, gracias a su memoria y tenacidad prodigiosas. Pronto le ofrecieron estudiar en París, en una de las primeras escuelas para ciegos del mundo.

También allí fue un brillante alumno, pero le frustraba no poder escribir cartas a su familia.

Decidió que crearía un sistema de lectura y escritura que fuese fácil de aprender y usar. «Los ciegos no necesitamos compasión, sino que nos traten como iguales», dijo.

Así, cuando solo tenía quince años, creó el sistema Braille, el que aún hoy usan los invidentes de todo el mundo. Aunque siguió mejorándolo toda su vida, mientras trabajaba como profesor para ciegos.

Y, como Louis también era un gran intérprete del violonchelo y el órgano, se aseguró de que su sistema también sirviera para que los ciegos pudiesen aprender el lenguaje más bello y universal de todos: la música.

LUDWIG VAN BEETHOVEN

El niño al que obligaban a tocar el piano y acabó siendo el mejor compositor de la historia.

Alemania, 16 de diciembre de 1770 - 26 de marzo de 1827

Muchos creen que, con un nombre como el suyo, Ludwig debía de ser aristócrata. No es así: «Beethoven» significa «granja de remolachas» en alemán… y su infancia fue muy triste.

No fue el primer Ludwig en su casa: un año antes sus padres habían llamado así a su primer hijo, que murió de bebé. Y el propio Ludwig fue siempre un niño enfermo y tan tímido que no tenía ni un solo amigo.

Su padre lo maltrataba. Quería que Ludwig fuese un niño prodigio como Mozart, y lo obligó a tocar el piano sin parar. Las palizas eran frecuentes.

Con seis años Ludwig dio su primer concierto, y a los once compuso su primera obra. Conoció a Mozart, que quedó impresionado. Pero entonces metieron a su padre en la cárcel y Ludwig tuvo que encargarse de cuidar de su familia.

Aun así, siguió tocando el piano. Otro compositor famoso lo desafió a interpretar una obra suya. Ludwig no solo lo hizo, sino que improvisó mejoras mientras tocaba; el compositor, avergonzado, se fue de la ciudad.

Las obras de Ludwig impresionaron tanto que la corte decidió pagarle un sueldo por componer lo que él quisiera; era la primera vez que un músico tenía un trato tan ventajoso.

Pero Ludwig estaba muy preocupado: empezó a padecer de sordera. Hasta pensó en suicidarse, pero decidió que aún tenía mucho que aportar a la música. Con razón: compuso su *Novena sinfonía*, quizás la obra más importante de la historia, cuando ya no oía nada.

Cuando murió, en su entierro fue interpretada una obra de Mozart, el otro genio que, sin saberlo, fue responsable de que Ludwig se hubiera dedicado a su gran pasión.

MAHATMA GANDHI

El niño que no se atrevía a hablar en público y acabó liberando a todo su país.

India, 2 de octubre de 1869 - 30 de enero de 1948

De pequeño, su mejor amigo… casi el único… era su gato. Le encantaba perseguirlo y tirarle de las orejas. Mohandas (su verdadero nombre) era exageradamente tímido.

Incluso cuando su familia lo envió a Londres a estudiar para abogado, Gandhi se peleó con su único amigo allí y decidió seguir solo.

Al regresar a la India se dio cuenta de que su timidez le dificultaba hasta su intervención en los juicios. Aun así, fue contratado para trabajar en Sudáfrica, que en aquella época era un país racista: las personas que no eran de raza blanca no tenían permitido ni caminar por la acera.

Gandhi quedó muy afectado. De nuevo en su país, veinte años después, decidió dedicarse a la política y luchar por liberar a la India de la colonización inglesa. Pero quería hacerlo sin violencia, como nunca se había conseguido antes.

Poco a poco, fue convenciendo a más y más gente. Los indios se negaban a obedecer órdenes injustas y protestaban. Su ventaja era su gran número. Si en una manifestación la policía los detenía a todos, se dejaban encerrar, pero enseguida salía a la calle más gente, y así hasta que tenían que soltarlos a todos porque no cabían en las prisiones.

Por increíble que parezca, por fin, los ingleses tuvieron que rendirse y abandonar la India. El mundo apoyaba a Gandhi y su revolución pacífica.

Tristemente, murió asesinado a tiros por un fanático también indio. Habrá conseguido acabar con él, pero no con su leyenda: aún hoy, Gandhi es una de las figuras históricas más queridas por todos los que creen que un millón de personas son más poderosas que un millón de pistolas.

«Tengo un sueño, un solo sueño, seguir soñando. Soñar con la libertad, soñar con la justicia, soñar con la igualdad y ojalá ya no tuviera necesidad de soñarlas.»

Martin Luther King

MARTIN LUTHER KING

El niño que vivió la violencia en su casa y cambió el mundo defendiendo la paz.

Estados Unidos, 15 de enero de 1929 - 4 de abril de 1968

Cuando Martin era niño, en Estados Unidos ya no existía la esclavitud, pero los negros eran ciudadanos de segunda. No podían acceder a buenos trabajos y en algunos lugares ni siquiera votar.

El padre de Martin daba grandes palizas a sus hijos. Martin las aguantaba en silencio, sin quejarse. Descubrió la importancia del racismo cuando un amigo le dijo que su padre le había prohibido jugar con él porque era negro.

Más tarde se enamoró de una chica blanca, pero no pudieron casarse porque las familias de los dos se negaron. El país estaba muy enfrentado: los negros luchaban cada vez más por sus derechos, y los blancos respondían con gran violencia.

Martin era párroco cuando una joven, Rosa Parks, se negó a ceder su asiento a un blanco en un autobús. Fue arrestada, y él inició un boicot a los transportes. Duró más de un año, pero finalmente ganaron.

También organizó la conocida Marcha sobre Washington, la mayor manifestación hasta el momento, en la que pronunció uno de los discursos más importantes de la historia, «He tenido un sueño».

Participó en muchas protestas más, siempre pacíficas y siguiendo las enseñanzas de Gandhi, al que también encontrarás en este libro. Recibió el apoyo del presidente Kennedy y el Premio Nobel de la Paz.

Cuando murió asesinado, su corazón estaba muy desgastado: en pocos años había pronunciado 2.500 discursos y había recorrido casi diez millones de kilómetros.

Actualmente, el día de su cumpleaños es festivo en Estados Unidos. Pero lo importante es que el racismo ha pasado de ser ley a estar prohibido.

MASSOUD HASSANI

El niño que inventó cómo salvar millones de vidas con sus juguetes.

Afganistán, 1983

¿Te imaginas que, cada vez que salieras de casa a jugar, lo que te estuvieras jugando fuera tu vida?

A eso se enfrentaron de niños Massoud, su hermano Mahmud y sus amigos. Vivían en Afganistán, en una zona víctima de muchas guerras seguidas.

Y es que los ejércitos llenan el terreno con millones de minas enterradas, que explotan en cuanto alguien las pisa. Cuando la guerra acaba, las minas se quedan. Aún hoy, de vez en cuando estalla alguna de la Segunda Guerra Mundial, colocada hace casi ochenta años. (Por cierto, ¿sabías que España es uno de los principales fabricantes de minas del mundo?).

Massoud era aficionado a crear juguetes movidos por el viento, y se dedicaba a organizar carreras con sus amigos. Pero cuando uno se alejaba demasiado, no podían ir a buscarlo: se habían aprendido de memoria las zonas donde no quedaban minas y no podían dar ni un paso más allá.

Más tarde, Massoud se hizo diseñador, pero el miedo de su infancia nunca lo abandonó. Decidió sacar partido de ello y crear un aparato parecido a aquellos juguetes que construía, pero que hiciera estallar minas sin poner vidas en peligro.

Aunque no resultó muy efectivo, ganó varios premios internacionales de diseño. Con lo que ganó fabricó otro aparato más efectivo, aprovechando la misma tecnología de drones usada últimamente para bombardear zonas de guerra.

Hoy Massoud es un prestigioso diseñador que ha sabido no dejarse dominar por el miedo y lo ha aprovechado para dar rienda suelta a su talento. Y quizás salvar millones de vidas por el camino.

NELSON MANDELA

El niño al que treinta años en la cárcel no le impidieron acabar con el racismo en Sudáfrica.

Sudáfrica, 18 de julio de 1918 - 5 de diciembre de 2013

En una obra de teatro del colegio interpretó a Lincoln, el presidente americano que había acabado con la esclavitud en su país. Y su mote era Rolihlahla, que quiere decir «buscalíos» en la lengua de su pueblo. ¿Serían premociones?

Por entonces, aunque contrario al racismo en su patria, Sudáfrica, pensaba que el sistema del *apartheid* (así lo llamaban) también tenía sus ventajas.

Pero, al igual que Gandhi —al que también encontrarás en este libro— cuando estuvo en el país africano, muy pronto comprobó que el racismo chocaba del todo con su profundo sentido de la justicia, y decidió combatirlo, casi siempre de forma pacífica.

Desgraciadamente, en las naciones injustas las opiniones contrarias nunca caen bien. Mandela fue encarcelado y pasó ¡veintisiete años! entre rejas.

Durante ese tiempo se convirtió en un símbolo de la paz, primero en su país y luego en el mundo entero, hasta que el presidente se vio obligado a negociar el fin del *apartheid* con él.

Por primera vez se celebraron elecciones libres, que Mandela ganó por una gran mayoría. Ya anciano, tuvo que actuar con mucha mano izquierda para evitar conflictos.

Unos lo acusaron de demasiado pacífico, otros de demasiado revolucionario. Lo cierto es que a su muerte dejó un país imperfecto, pero muy diferente y mejor que el que se había encontrado.

Poco antes le habían concedido el Premio Nobel de la Paz, además de otros 250 reconocimientos mundiales. Y aún hoy es uno de los mayores símbolos que existen de la justicia, la igualdad, la tenacidad y la paz. Porque las mayores ideas humanas no entienden de colores de piel.

NIKOLA TESLA

El niño que tenía visiones de sus inventos
y revolucionó la ciencia una vez tras otra.

Croacia, 10 de julio de 1856 - 7 de enero de 1943

Nikola fue un niño muy especial: no tenía amigos porque desde el principio dedicó su vida al conocimiento. Tanto, que el director de su escuela se planteó expulsarlo porque le daba miedo que acabase enfermo por exceso de trabajo.

Más tarde, en la universidad, se aficionó a jugar a cartas y perdió todo el dinero que le había dado su padre. Nunca volvió a casa para no tener que contárselo.

Pero su genio era indiscutible: no solo tenía memoria fotográfica, sino que cada vez que se le ocurría un invento lo veía en su mente ya fabricado, por lo que casi nunca necesitaba planos.

Su primer trabajo fue en los laboratorios de Thomas Alva Edison, otro de los mayores inventores de la historia. Pero acabaron mal. Unos dicen que por pura envidia de Edison, aunque más probablemente porque los dos eran competidores en muchos negocios.

Nikola se instaló por su cuenta, pero era muy malo con el dinero, y aunque al principio le pagaban grandes cantidades por sus inventos, siempre acababa arruinado. Y es que no tenía tiempo para nada más que el trabajo: dormía algo más de dos horas al día y nunca se enamoró de una mujer. Según él, el único amor de su vida fue una paloma.

Con sus ideas revolucionarias y su capacidad de trabajo sin fin, llegó a crear más de 700 inventos, entre ellos la bombilla de neón, el rayo láser y el control remoto. También inventó la radio, aunque se le adelantaron.

Nikola murió arruinado. Si hubiera conseguido crear la máquina del tiempo que pretendía, se habría alegrado de comprobar que hoy está considerado uno de los grandes inventores del siglo xx.

OSKAR SCHINDLER

El niño nazi que arriesgó la vida por salvar a los judíos y se convirtió en un héroe de Israel.

República Checa, 28 de abril de 1908 - 9 de octubre de 1974

Nadie hubiese dicho que el pequeño Oskar se convertiría en un héroe; más bien todo lo contrario. Era muy poco amante del trabajo y mucho de la diversión. De joven bebía en exceso, quizás para olvidar la muerte de su madre y el que su padre también era un alcohólico.

Pronto decidió traicionar a su país, Checoslovaquia, y hacerse espía para la Alemania nazi. «Necesitaba el dinero», dijo.

Compró una fábrica en Polonia y la llenó de trabajadores judíos, que al estar marginados cobraban mucho menos. Así llegó a amasar una importante fortuna.

Entonces sucedió lo inesperado: escandalizado por cómo los nazis extermina-ban a los judíos, decidió que salvaría a tantos como pudiese. Aprovechó sus con-tactos con oficiales alemanes y toda su fortuna para sobornarlos una y otra vez, siempre que querían llevarse a sus trabajadores a los campos de concentración donde sin duda hubieran muerto.

Su simpatía natural, ingenio y determinación absoluta consiguieron que los nazis nunca se dieran cuenta de lo que hacía. Para cuando acabó la Segunda Guerra Mundial, se calcula que había salvado a más de 1.200 judíos.

Arruinado, durante sus últimos años vivió gracias a los donativos de la gente a la que había salvado.

Más tarde, el Estado de Israel le concedió su medalla más importante para personas no judías, y a su muerte fue enterrado en Jerusalén. Oskar fue el único nazi en conseguir esos grandes honores.

Y así se convirtió en un héroe para el mundo entero: el hombre que descubrió tarde su conciencia, pero que después no dudó en jugarse su vida y su fortuna por hacer lo correcto.

«Uno debe dedicarse a lo que le llene, inspire e interese, y cuando más sabes de algo más te diviertes.»

Pedro Duque

PAUL POIRET

El niño que cosía ropa para sus muñecas
y acabó revolucionando la moda de su tiempo.

Francia, 20 de abril de 1879 - 30 de abril de 1944

El pequeño Paul era hijo de un humilde vendedor de telas. Cuando era niño, su padre lo hizo aprendiz en una fábrica de paraguas. Con los restos de tela, Paul cosía vestidos para una muñeca de su hermana.

Ya mostraba un gran talento. De adolescente, no paró de visitar talleres de modistos de lujo hasta que uno le compró sus diseños. Empezó a trabajar para las mejores casas, creando diseños que para su época resultaban atrevidos... y polémicos: una aristócrata rusa comparó uno de sus abrigos con las bolsas que usaban en su país para los presos ajusticiados.

Paul decidió establecerse por su cuenta. Le gustaban los diseños sueltos, y más de una mujer respiró aliviada (literalmente) al ver que por fin podía librarse de los incomodísimos corsés. Sus creaciones se hicieron tan famosas como rompedoras; por eso hoy en día es conocido como «el Picasso de la moda». Los mayores artistas acudían a sus grandes desfiles, incluido el propio Picasso. También creó una escuela para que las mujeres pobres pudiesen aprender el oficio y ganar un sueldo.

Entonces estalló la Primera Guerra Mundial y Paul tuvo que ir a combatir. A la vuelta encontró su negocio arruinado. Nuevos creadores, sobre todo Coco Chanel, triunfaban con vestidos mucho más modernos. Paul tuvo que dedicarse a hacer de pintor de paredes para sobrevivir.

Tras casi un siglo de olvido, en 2015 otra firma compró los derechos del nombre y las creaciones de Paul. Así, en 2018 vuelve a ser uno de los mayores nombres de la moda parisina.

Y es que a veces el tiempo hace más justicia a los genios que la gente.

PEDRO DUQUE

**El niño que, como casi todos, quería ser astronauta...
y fue el primer español en conseguirlo.**

España, 14 de marzo de 1963

A Pedro, la pasión por volar le viene de familia. Su padre era controlador aéreo, y se dice que su abuelo murió al lanzarse desde lo alto de una catedral con unas alas que se había construido.

Era un niño muy inteligente, aplicado, muy curioso... y un poco terco. Recuerda perfectamente como vio, con seis años, la llegada del primer hombre a la Luna en la tele de un bar, y decidió que él quería hacer lo mismo.

La profesión de astronauta es quizás la más exigente que existe. Se ha de tener un gran físico y mantenerse siempre en perfecta forma; y también un carácter muy especial, tranquilo pero muy práctico (podría decirse que para ir al espacio hay que tener los pies en la tierra). Y en cuanto a los estudios... Pedro acabó la carrera con una nota media de diez y «solo» fue el segundo de su curso.

Empezó a trabajar para la Agencia Espacial Europea, que creó un concurso para elegir astronautas. Pedro fue uno de los ganadores. Se sometió a duros entrenamientos en Rusia y en Estados Unidos (los únicos países hasta entonces con experiencia en el tema) y se convirtió en el primer astronauta español de la historia.

Viajó al espacio no una sino dos veces: en la primera, a bordo del transbordador espacial *Discovery*, supervisó el módulo experimental europeo; en la segunda llevó a cabo varias pruebas científicas dentro de la Misión Cervantes española.

Pedro insiste en que tiene planes de volver al espacio. ¿Y por qué no? Se mantiene perfectamente en forma practicando su deporte preferido: el submarinismo. «Se ve que me gustan los extremos», dice.

PRIMO LEVI

El niño que sobrevivió al mayor horror para contarlo como nadie.

Italia, 31 de julio de 1919 - 11 de abril de 1987

Primo, ya desde pequeño, era muy tímido. Se veía a sí mismo demasiado enfermizo, demasiado delgado, demasiado feo. Era el mejor estudiante de su clase, pero se sentía muy solo.

Aunque hoy parezca increíble, en aquella época, en Italia, para estudiar había que hacerse fascista, y estos despreciaban a los judíos como él. Primo sufrió grandes burlas y maltratos.

Durante la Segunda Guerra Mundial, la Alemania nazi ocupó parte de Italia, y Primo se apuntó a la resistencia. Pero estaban muy poco preparados y enseguida fueron detenidos y encarcelados.

Lo peor fue que lo trasladaron al campo de concentración de Auschwitz. Era conocido como «el campo de la muerte»: los prisioneros apenas duraban más de tres o cuatro meses debido a las horribles condiciones (trabajos forzados inhumanos, torturas, falta de alimentos…).

El campo acabó siendo liberado por los soldados rusos. Pero estos tampoco apreciaban a los judíos, y los obligaron a hacer una larga marcha a pie que acabó con la mayoría, que ya estaban muy enfermos.

Primo consiguió sobrevivir gracias a su ingenio y su capacidad, y a la voluntad de adaptarse a todo. Pero una experiencia tan horrible como aquella lo marcó durante el resto de su vida.

Decidió escribir sobre sus vivencias. Intentaba responderse a sí mismo grandes preguntas, como qué es lo que puede volver tan malvadas a tantas personas que antes no lo eran.

Hoy está considerado por muchos como el mejor escritor sobre el Holocausto. Y, más importante todavía, el conocimiento de lo que le sucedió a su pueblo ha ayudado a que algo así nunca pueda volver a pasar.

RUDOLF NURÉYEV

El niño que nació en un tren y escapó de su país para ser el mejor bailarín del mundo.

Rusia, 17 de marzo de 1938 - 6 de enero de 1993

Rudolf nació mientras su madre viajaba en el famoso tren Transiberiano. Quizás fue una premonición de lo importante que resultaría viajar en su vida.

De pequeño lo llevaron a un espectáculo de danza, y en ese momento supo que iba a dedicar su vida a ella. Literalmente: desde entonces, para él no existió otra cosa en el mundo.

Pronto descubrieron su talento y fue aceptado en la mejor escuela de danza de Rusia. Pero, con la Segunda Guerra Mundial, solo pudo estudiar tres años en vez de los nueve habituales.

Rudolf siempre creyó que eso acabó ayudándole mucho: el no quedar tan atado a las costumbres más clásicas le hizo más fácil innovar.

Cuando debutó se convirtió enseguida en toda una estrella, aunque su obsesión por el trabajo lo enfrentó a muchos. Por entonces, Rusia y Occidente competían en todo, así que decidieron que llevase a cabo una gira por Europa.

Era una oportunidad única: a muy pocos rusos les permitían salir de su país. En Francia se escapó de los agentes que lo seguían a todas partes y pidió asilo. Fue el primer artista ruso en conseguirlo.

En Occidente, tuvo más fácil desarrollar su idea de unir la danza clásica y la moderna; hoy es muy habitual, pero él fue el primero. Además, Rudolf era gay, que, por increíble que parezca, en Rusia —y en otros países— seguía siendo delito.

Su carrera le supuso un éxito tras otro y obtuvo los mayores reconocimientos. Aunque solo tres años antes de morir consiguió su mayor sueño de todos: después de casi cuarenta años, las autoridades rusas le permitieron volver unos días para visitar a su madre.

ROALD AMUNDSEN

El niño que se atrevió a desafiar los mayores peligros del mundo, pero no a su madre.

Noruega, 16 de julio de 1872 - 18 de junio de 1928

El pequeño Roald tuvo claro desde siempre que quería ser el primero en llegar al Polo Norte. Tan decidido estaba que dormía siempre con la ventana abierta para acostumbrarse al frío… ¡y vivía en Noruega!

Pero su madre le hizo prometer que de aventuras nada, que sería un médico acomodado que se ganaría muy bien la vida.

Roald, soñador pero muy obediente, cumplió y empezó a estudiar medicina. Pero entonces su madre murió, y él tardó muy poco en abandonar la carrera y volver a su sueño inicial. Ahí demostró que sabía adaptarse y cambiar de planes sin dudar, algo que le iba a resultar muy importante en el futuro.

Realizó varias expediciones, cada vez más cerca del Polo Norte y aprendiendo sobre la zona como nadie. Pero, cuando tenía ya preparada la nueva expedición con la que por fin lo alcanzaría, recibió la peor noticia: otro explorador se le había adelantado.

De nuevo, Roald supo adaptarse enseguida a las circunstancias: decidió de inmediato que entonces sería el primero en llegar al Polo Sur.

Había otro explorador ya a medio camino que le llevaba mucha ventaja, pero Roald consiguió superarlo gracias a que planeó la expedición mucho mejor. «Lo que algunos llaman "suerte" es estar bien preparado para todo», dijo.

Y así, Roald, que no pudo ser el primero en llegar al Polo Norte, sí lo fue en llegar al Polo Sur.

¿Y este fue el final feliz?

No: años más tarde sí viajó al Polo Norte, y se descubrió que en realidad los anteriores nunca lo habían conseguido. Así que Roald acabó siendo el primero en llegar a los dos polos.

Increíble lo lejos que se llega con un poco de preparación, ¿verdad?

«Solo somos una raza de monos avanzados
en un planeta más pequeño que una estrella
promedio. Pero podemos entender el universo.
Eso nos hace muy especiales.»

Stephen Hawking

SEBASTIÃO SALGADO

El niño que se dedicó a mostrar la naturaleza para salvarla.

Brasil, 8 de febrero de 1944

Sebastião nació en Brasil, rodeado de naturaleza. Su pueblo forma parte de una de las zonas naturales más importantes del mundo, que en aquel momento era dos veces más grande que toda Francia.

Durante su infancia vio como la selva disminuía sin parar, debido a la gente que acababa con ella para construir o para vender la madera de los árboles. Hoy, esa misma selva es diez veces más pequeña.

Después de una infancia marcada por los cambios constantes de domicilio y población, Sebastião decidió estudiar economía, primero en Brasil y después en Nueva York.

Trabajó para el Banco Mundial, lo que le obligó a viajar aún más, esta vez por África. Fue allí donde descubrió su gran pasión: fotografiar la naturaleza. Pero creía que ya era demasiado tarde como para conseguir la experiencia necesaria.

Aun así, y gracias a su talento y a estudiar por su cuenta sin parar, sus obras empezaron a triunfar por todo el mundo, en exposiciones y libros.

Se dedicó a retratar los lugares del planeta que todavía no estaban afectados por la civilización, mostrando impresionantes paisajes o la vida de pequeñas tribus. Sin usar ni una sola palabra, Sebastião consiguió transmitir perfectamente su mensaje.

Desde entonces, se ha concentrado en recuperar zonas de la selva brasileña destrozadas por el hombre. Su trabajo incansable ha conseguido que varias sean declaradas reservas naturales y esté prohibido acabar con ellas.

Muchos genios de este libro han luchado por hacer un mundo mejor. Sebastião, en cambio, cree que el mundo mejor ya estaba hecho. Y lucha con todas sus fuerzas por volver a él.

SHIGERU BAN

El niño que hacía casitas de madera
y hoy salva vidas con casas de papel.

Japón, 5 de agosto de 1957

De niño soñaba con ser carpintero. A sus padres les encantaba hacer reformas en casa, y parecía que siempre había carpinteros trabajando. Shigeru recogía los trocitos de madera que sobraban y jugaba con ellos a las construcciones.

Por fin, decidió que lo que quería no era reformar casas, sino construirlas, e intentó matricularse en la mejor escuela de arquitectura del Japón. Se preparó en dibujo técnico dos años antes. Aun así, no consiguió entrar y tuvo que conformarse con otra academia, pero eso le ayudó a comprender el valor de trabajar duro para cumplir sus sueños.

Su primera creación profesional fue —claro— construir una nueva casa para sus padres. Inventó una técnica muy particular: en lugar de los materiales habituales, usaría sobre todo tubos de cartón reciclado, que bien tratado resulta muy resistente, y arena en vez de cemento.

Sus casas no son solo más ecológicas, sino también mucho más baratas y rápidas de construir. Shigeru se dio cuenta de que eso resultaba ideal cuando se producían grandes tragedias naturales, como terremotos o inundaciones, en las que la gente pierde sus hogares y necesita ayuda inmediata. Decidió trabajar gratis en esos casos.

Desde entonces acude a la mayoría de los grandes desastres del mundo, ayudando con sus viviendas temporales. Gracias a la utilidad y la belleza de estas consiguió el premio internacional más prestigioso de arquitectura.

Dice en broma que «el sueño de todos los arquitectos es ver cómo se construye su proyecto. El mío es ver cómo lo derriban», porque eso significa que la crisis ha pasado. Y que Shigeru, de nuevo, ha ayudado a miles de personas. Y todo con papel.

STEPHEN HAWKING

El niño que conquistó el universo desde una silla de ruedas.

Reino Unido, 8 de enero de 1942 - 14 de marzo de 2018

Las comidas en casa de los padres de Stephen, los científicos Hawking, eran muy especiales: se sentaban a la mesa y leían cada uno un libro, sin hablar.

Sus compañeros del colegio lo llamaban «Einstein», pero él se aburría. Lo mismo le pasó al principio en la universidad.

La ventaja de ser un genio es que no necesitaba dedicar muchas horas al estudio, por lo que se concentró en el deporte que le apasionaba, el remo, aunque era demasiado impulsivo e hizo chocar varias barcas.

A los veintiún años sus amigos notaron que se tropezaba demasiado y que cada vez era más difícil entenderle. El médico le dijo que tenía una enfermedad incurable, y peor todavía, que solo le quedaban dos años de vida (se equivocaba ligeramente: vivió cincuenta y cinco años más).

Pero Stephen tenía una voluntad de hierro, y siguió con su obsesión: encontrar una fórmula sencilla que explicase cómo funciona todo el universo.

Su enfermedad siguió avanzando, pero él era muy tenaz. «Lo importante es no rendirse», decía. Tuvo que usar una silla de ruedas, que conducía con tan poca precaución como las barcas. Y, cuando perdió el habla, usó un teclado, parecido al de un móvil, que transformaba lo que escribía en voz.

Su libro *Una breve historia del tiempo* fue uno de los más vendidos de la historia de la ciencia. Y se convirtió en un personaje tan famoso como Einstein antes.

Nunca obtuvo la respuesta que buscaba, pero hizo descubrimientos importantísimos. Y después de pasarse la vida concentrado en lo más remoto del universo, encontró la felicidad en lo que tenía más cerca: jugando con sus nietos.

STEVE IRWIN

El niño al que regalaron una serpiente y se convirtió en uno de los más famosos defensores de la naturaleza.

Australia, 22 de febrero de 1962 - 4 de septiembre de 2006

Los padres de Steve amaban la vida salvaje. Un día decidieron dejarlo todo y crear un zoo de reptiles donde el público pudiera conocer mejor a estos animales.

Desde pequeño, su hijo se apasionó con ellos. Cuando cumplió seis años le regalaron una serpiente pitón de cuatro metros. Bajo estricta supervisión, se encargó de alimentar él mismo a los cocodrilos y, al cumplir los nueve, de jugar a «luchar» con ellos.

No es un tipo de pelea fácil: estos animales se resisten y atacan cuando, por ejemplo, quedan atrapados. Hay que estar muy concentrado y usar una técnica especial para salvarlos sin hacerles daño (ni acabar tú en su estómago).

Ya de mayor, Steve conoció a la que sería su esposa, Terri, una ecologista norteamericana. Se casaron y en su luna de miel se dedicaron a... atrapar más cocodrilos.

Decidieron filmar sus aventuras y crearon una serie de documentales de televisión que triunfaron en más de 150 países. Además de lo espectacular de sus imágenes, Steve sabía transmitir muy bien su pasión por los animales. Siempre insistía en que la mejor forma de proteger la naturaleza era dar a conocer las maravillas de esta.

Su trabajo en televisión le dio mucho dinero, que dedicó a la compra de grandes terrenos naturales en Australia, Estados Unidos y otros países. Era la mejor forma de conservarlos y evitar que otros se hicieran con ellos para construir apartamentos.

Murió por la picadura de una mantarraya mientras preparaba una nueva serie. Pero ahí no acabó la saga de los Irwin: al poco tiempo, su hija, con solo ocho años, empezó a presentar su propio programa sobre la naturaleza.

STEVEN SPIELBERG

El niño que hacía películas caseras con sus juguetes y se convirtió en el director de más éxito de Hollywood.

Estados Unidos, 18 de diciembre de 1946

Hay genios a los que les cuesta mucho tiempo descubrir lo que quieren hacer. Otros lo saben muy pronto, pero han de sufrir mucho para conseguirlo. Y los que más suerte tienen, enseguida lo saben y tienen oportunidad de demostrarlo.

Al pequeño Steven le fascinó la cámara de cine de su padre desde el principio. Muy pronto se cansó de filmar películas familiares y empezó a crear cortos; el primero, a los doce años, fue un choque de sus trenes de juguete.

Con solo dieciséis años rodó su primera película larga, con amigos, y alquiló un cine para proyectarla.

A los veintitrés, empezó a dirigir telefilmes, que eran casi siempre éxitos y hacían pensar a todos que Steven sería un genio del cine. Y con veintinueve, dirigió *Tiburón*, que fue la película con más éxito de la historia del cine, y Steven supo que desde entonces podría hacer las que quisiera.

Si crees que lo de «peli de más éxito de la historia» tiene mucho mérito, piensa que volvió a batir ese récord dos veces más, con *E. T., el extraterrestre* y *Jurassic Park*.

También ha dirigido *Encuentros en la tercera fase*, la saga de *Indiana Jones*, *La lista de Schindler*, *Salvar al soldado Ryan*, *Ready Player One* y un montón de pelis de enorme éxito mundial. Ha recibido todos los premios posibles, y muchos lo consideran uno de los cinco mejores directores de la historia del cine.

A pesar de crear obras que han enamorado a millones y millones de espectadores, Steven dice que su secreto es «hacer solo las películas que a él le gustaría ir a ver».

Y este puede ser el mejor consejo para cualquier aspirante a genio: no dejar nunca de hacer lo que más te apasione.

«Mi trabajo consiste en conseguir
sueños imposibles.»

Vicente Ferrer

TENZING NORGAY

El niño que escalaba como nadie
hasta que tocó el cielo de verdad.

Nepal, 29 de mayo de 1914 - 9 de mayo de 1986

No eran esclavos: eso estaba prohibido en el Nepal de principios del siglo xx. Les llamaban *collies*: sufrían las mismas horribles condiciones, pero cobrando una cantidad miserable.

Ya de niño, Tenzing fue uno de ellos. Sus propios padres lo vendieron a una familia rica. Hasta que él se escapó. Amaba demasiado la libertad.

Pertenecía a los *sherpa*, una etnia que vive cerca del Everest y que conoce esta montaña como nadie. Por eso, son los mejores guías de expediciones.

Con solo diecinueve años, Tenzing tuvo la oportunidad de dedicarse a ello, gracias a su talento… y a un poco de suerte: los dos primeros guías elegidos por una expedición inglesa se habían puesto enfermos.

Pero solo con una sonrisa no se escala la montaña más alta y peligrosa del mundo. Tenzing demostró conocer el terreno y ser capaz de llevar más carga que nadie. Tanto que desde entonces todas las expediciones se lo disputaban.

En 1953, durante una de estas, él y Edmund Hillary fueron los primeros de la historia en alcanzar la cima del Everest. La cima del mundo. Y sin el equipamiento de hoy. Solo con su valor, resistencia y tenacidad.

Decidieron que nunca dirían quién de ellos fue el primero en llegar a la cumbre: lo hicieron los dos como un equipo.

Aquello resultó una conquista tan importante que Tenzing recibió los mayores honores.

De todos estos, quizás el que más ilusión le hubiera hecho a Tenzing es que en 2005 le pusieron su nombre a una montaña de Plutón: la más lejana conocida en el sistema solar.

USAIN BOLT

El niño con una pierna más corta que la otra que acabó batiendo todos los récords de velocidad.

Jamaica, 21 de agosto de 1986

La mayoría tenemos que saber descubrir y desarrollar nuestro talento, encontrar la ocupación más adecuada a este y trabajar duro.

Y después está la gente como Usain Bolt, con unas capacidades naturales tan increíbles y una decisión tan fuerte que les hacen triunfar casi a pesar de sí mismos.

Usain fue un mal estudiante en su escuela de Jamaica; no pensaba en otra cosa que en los deportes. Se pasaba el día jugando al fútbol y al críquet, hasta que un entrenador le recomendó que probase con el atletismo.

Desde que empezó a los doce años fue batiendo un récord tras otro en su especialidad, el esprint. Y eso que tenía una pierna más corta que la otra y la columna desviada… además de que no se lo tomaba muy en serio: prefería la diversión al entrenamiento, y una vez lo eliminaron de una prueba por esconderse antes en una furgoneta para hacer una broma.

Pero también es cierto que, en cuanto se dio cuenta de que tenía un gran futuro y todos pensaban que llegaría a ser una leyenda, decidió tomárselo muy en serio y entrenar como el que más.

Acabó siendo llamado «El rayo», y triunfó en las competiciones más importantes del mundo y en tres Olimpiadas seguidas entre 2008 y 2016. Batió algunos de sus mayores récords justo antes de retirarse con casi treinta años. Así llegó a ser el atleta más premiado de la historia, por encima de Carl Lewis.

Un logro increíble para alguien con tanto talento y alegría de vivir que, en competiciones en las que muchas veces se gana o se pierde por centésimas de segundo, se permitía hasta pararse a bailar antes de llegar a la meta.

VICENTE FERRER

El niño que no esperaba que los milagros cayesen del cielo y ayudó a dos millones de indios a salir de la miseria.

España, 9 de abril de 1920 - 19 de junio de 2009

Cuando desde pequeño crees en hacer el bien, lo peor que te puede pasar es encontrarte en plena Guerra Civil. Eso le sucedió al joven Vicente con solo dieciséis años. Por suerte, no tuvo que disparar ni un solo tiro.

Decidió hacerse jesuita, y al poco lo enviaron a uno de los pueblos más pobres de la India. Viendo la miseria en la que vivían, no se puso a predicar, sino que cogió dos bueyes y empezó a sembrar. Construyó un hospital, después una escuela... ¡tiempo! Había conseguido que todos los habitantes tuviesen lo básico.

Cada vez más gente le estaba agradecida. Y también se ganó enemigos: a algunos poderosos no les conviene que la gente aprenda a arreglárselas por sí mismos.

Acabaron echándolo de la India. Pero las protestas fueron tan grandes que muy pronto tuvieron que dejarlo volver... aunque lo enviaron a otra zona aún más pobre, donde poco podría hacer. Al llegar solo encontró una nota del párroco anterior: «Espera un milagro».

Se casó, lo expulsaron de la Iglesia y creó una fundación con su esposa. Su capacidad de trabajo y su decisión parecían no tener límites. También fue pionero en nuevos sistemas —como apadrinar niños— para conseguir más ayudas.

Con los años, logró no solo repetir el «milagro», sino hacerlo mucho mayor. Para cuando murió, había conseguido que más de dos millones de indios vivieran en condiciones dignas. A su entierro asistieron 15.000 personas de todas las religiones.

Y todo por no hacer caso de la nota que encontró al llegar. Como él mismo dijo, los milagros no se esperan: se construyen.

WILLIAM SHAKESPEARE

El niño que soñaba con vivir del teatro y se convirtió en el mejor autor de la historia.

Reino Unido, 26 de abril de 1564 - 23 de abril de 1616

Casi lo primero que se conoce del mejor escritor de todos los tiempos es una crítica en la que lo tachaban de inútil. Pura envidia, claro: otros autores no soportaban que alguien de pueblo y con tan pocos estudios como William gustase tanto al público.

Aunque no había pasado del colegio, en la Inglaterra del siglo XVI este era tan riguroso que a los siete años ya se estudiaba en latín y se habían leído a los grandes autores clásicos.

Y el joven William, además de brillante, era muy ingenioso. Es decir, sabía tanto hacer llorar como hacer reír. Ideal para un escritor de teatro.

Así, pronto decidió dejar a su mujer e hijos en el pueblo e irse a Londres como escritor y actor. Montó con otros su propio teatro, que tuvo gran éxito entre la nobleza y el pueblo.

(En aquella época, era mejor ser bueno de verdad. ¿Recuerdas esas historias en las que a los malos actores les tiran tomates y lechugas? Pues en aquel tiempo era exactamente así).

Cada una de sus creaciones era recibida con entusiasmo por un público entregado. Tanto, que cuando se retiró unos años después volvió a su pueblo siendo rico.

Como vivió en la época en que se creó la imprenta, pronto se publicaron sus obras completas. A pesar de aquella primera crítica, todos sabían que sus escritos iban a ser «para la eternidad», como ya escribía en el prólogo. *Romeo y Julieta*, *Hamlet*, *Macbeth*, *El mercader de Venecia*… aún hoy son las más representadas en el mundo entero.

Su último poema y muestra de ingenio se encuentra en el epitafio de su propia tumba, donde pide por favor que no lo muevan mucho.

WOLFGANG AMADEUS MOZART

El niño que tocaba el piano con los ojos vendados y se convirtió en el mejor compositor de todos los tiempos*.

Austria, 27 de enero de 1756 - 5 de diciembre de 1791

Con ocho años, Wolfgang era tan bueno que hasta le hicieron pruebas para comprobar si eso era humanamente posible. Cuando solo tenía tres había aprendido a tocar el piano, a los cuatro empezó a dominar el violín y otros instrumentos, y con cinco ya componía pequeñas obras. Podía interpretar partituras sin verlas antes y recordarlas perfectamente, o tocar con los ojos vendados o las teclas cubiertas por una tela. Su padre lo adoraba y creía que su talento era un regalo divino. Es curioso comparar la infancia feliz de Wolfgang con la del pobre Beethoven, que también encontrarás en este libro.

Se dedicó a dar conciertos por Europa con su familia, tocando para reyes y nobles. Se ganó una gran fama, y no paraba de aprender y mejorar. Con quince años lo aceptaron en el centro musical más importante del mundo, aunque en teoría la edad mínima para entrar era de veinte. También es famoso que oyó una obra que la Iglesia prohibía reproducir, volvió a casa y la escribió totalmente de memoria. Fue tan impresionante que en vez de castigarlo le dieron un título.

Wolfgang soñaba con poder crear sin depender de los caprichos de los nobles que lo mantenían. A veces, lo conseguía y vivía de sus conciertos, pero al final tenía que rendirse y volver a lo de antes. Sus grandes deudas le preocupaban muchísimo. Sufrió una depresión, durante la que curiosamente creó algunas de sus mejores composiciones.

Cuando murió había creado más de seiscientas obras de toda clase, y aún hoy se siguen descubriendo otras nuevas; como dicen en broma, «lleva más de doscientos años muerto y es mejor que nunca».

* Sí, de Beethoven también hemos dicho que fue el mejor. Cuestión de gustos. ¿Por qué no los escuchas y decides tú?

MI BIOGRAFÍA

Nombre ....

Nacimiento ....

País ....

Aquí puedes dibujar un autorretrato o pegar una fotografía tuya.

Soy el niño que...

....

....

....

....

....

....

....

....

....

....

....

....

....

....

....

....

MIS SUEÑOS

• • • • • • • • • • • •

Todos nacemos con algún sueño.
Y no solo uno, ¡sino muchos!

Después de conocer la vida de estos superhéroes
inspiradores de carne y hueso, piensa cuáles son tus
deseos y aspiraciones. Anótalos en este mini diario.

Sueño con ....

....

....

....

....

....

....

....

....

....

....

Me gustaría...

....

....

....

....

....

....

....

....

Deseo que ....

....

....

....

....

....

....

....

....

....

LECCIONES INSPIRADORAS

De todos estos superhéroes podemos aprender algo.
Aquí hemos recogido algunas lecciones que aparecen en el libro.
¿Sabrías decirnos de quién son?

NELSON MANDELA

KILIAN JORNET

MAHATMA GANDHI

VICENTE FERRER

STEVEN SPIELBERG

IQBAL MASIH

Que los retos hay que vivirlos siempre como
un juego, aunque nos hagamos mayores.

....

Que la gente tiene el poder para cambiar el mundo
y que las mayores revoluciones pueden ser pacíficas.

....

Que no hay cárcel donde se pueda
encerrar la justicia, la paz y la igualdad.

....

Que nunca debemos abandonar
aquello que más nos apasiona.

....

Que nunca se es demasiado joven para convertirse
en superhéroe y liberar a 3.000 personas.

....

Que los milagros no se esperan,
se construyen.

....

ROALD AMUNDSEN

BILL GATES

HARVEY MILK

LIONEL MESSI

OSKAR SCHINDLER

JULIO VERNE

Que se puede llegar muy
lejos con la imaginación.

....

Que, si el mundo no te gusta,
puedes cambiarlo.

....

Que nunca es tarde
para hacer lo correcto.

....

Que con voluntad hasta una pulga
puede llegar a lo más alto.

....

Que nadie puede decirnos a quién o cómo querer.
Y que cuando mucha gente lucha por algo, es imparable.

....

Que lo que algunos llaman «suerte»
es estar bien preparado para todo.

....

Diseño y maquetación: Sergi Puyol
Adaptación de diseño: Emma Camacho
Texto: Marcelo E. Mazzanti
Ilustraciones de interior y cubierta: Sara C. Labrada

© 2018, G.L. Marvel

ISBN: 978-84-18538-72-8
Código IBIC: YF
Depósito legal: B 9.838-2021

© de esta edición, 2021 por Antonio Vallardi Editore S.u.r.l., Milán
Primera edición: mayo de 2018
Primera edición en esta colección: septiembre de 2021
Duomo ediciones es un sello de Antonio Vallardi Editore S.u.r.l.
www.duomoediciones.com

Gruppo Editoriale Mauri Spagnol S.p.A.
www.maurispagnol.it

Impreso en T.G. Soler